Elisabeth Zöller

Gruß und Kuss, dein Julius

Mit Bildern von Julia Wittkamp

Hase und Igel®

für Brigitte

Für Lehrkräfte gibt es zu diesem Buch
ausführliches Begleitmaterial beim Hase und Igel Verlag.

Dieses Buch erschien erstmals 1996 im Loewe Verlag GmbH, Bindlach.

Ungekürzte Schulausgabe in neuer Rechtschreibung

www.hase-und-igel.de

Druck: Himmer AG, Augsburg

Kartonierte Ausgabe:
ISBN 978-3-86760-005-7 (4. Auflage 2007)
Gebundene Ausgabe:
ISBN 978-3-86760-618-9 (1. Auflage 2007)

„Da ist er!“

Alle schauen auf.

An der Klassentür
steht Julius.
Julius mit den Stehhaaren
und den Lachgrübchen.
Julius mit der kullerrunden Brille
und den blauen Jeans.

Frau Fröhlich, die Lehrerin, sagt:
„Das ist Julius.
Er ist ab jetzt
in unserer Klasse."

Julius wird rot,
als Frau Fröhlich das sagt.

Laura fragt: „Wo sitzt Julius?“

„Neben Julia“, sagt Frau Fröhlich.
„Neben Julia ist ein Platz frei.“

Julia wird rot,
als Frau Fröhlich das sagt.
Frau Fröhlich hat Laura
gestern von Julia weggesetzt,
weil sie immer mit Julia geredet hat.
Julius wird auch rot,
als er sich neben Julia setzt.
Julia rückt an den Rand der Bank.
Dann schaut sie zu ihm hinüber.

Sie sieht die Stehhaare,
den roten Pullover
und seine kullerrunde Brille.
Julius schielt zu Julia hinüber.
Er wird wieder rot,
weil er sieht,
dass Julia ihn anschaut.

Er schaut runter auf seine Bank.
Julia schielt zu ihm hinüber.
Er schaut auf.
Und Julia wird rot,
als sie sieht,
dass Julius sie anschaut.
Er legt sein Mäppchen
auf die Bank und macht es auf.
Mensch,
der hat so einen gelben Füller,
wie Julia ihn so gerne haben will.
Und einen ganz süßen
Radiergummi
mit einer Maus drauf.
Die hat Stehhaare
und eine aufgemalte,
kullerrunde Mäusebrille.

Julia rückt näher an Julius heran.
Der ist ja süß bis nach Amerika,
denkt sie.
Die anderen lesen.
Aber Julius schaut nur,
was Julia macht.
Und Julia schaut nur,
was Julius macht.

Frau Fröhlich sagt:
„Julia, liest du mal weiter?“

Julia erschrickt.
Sie schaut in ihr Buch.
Sie schaut auf die Seite,
auf die Wörter und Sätze
in ihrem Buch.

Dazwischen tanzen Bilder
in Julias Kopf
von Julius mit Lachgrübchen
und einem roten Pullover.
Von einer kullerrunden Brille
und von einem Radiergummi
mit einer Maus drauf.

Aber Julia weiß nicht,
wo sie gerade beim Lesen sind.
Frau Fröhlich zeigt ihr die Stelle.

Julia liest:
„Ich kann schauen, sehen und …
hinüberschielen.“
Da müssen viele lachen.

Julius soll weiterlesen.
„Ich kann beobachten, blinzeln
und … glotzen“,
stottert Julius.
Da müssen alle lachen.

Julius wird rot.
Julia ist schon rot.

Sie rückt wieder
ein bisschen zur Seite.
Sie schielt zu Julius hinüber.
Julius blinzelt zurück.
Als es klingelt, fragt sie:
„Kommst du heute zu mir
zum Spielen?“

„Ich weiß nicht“, sagt er.

„Vielleicht kann ich nicht.
Aber wenn ich kann,
dann komm ich bestimmt.“
Er lächelt Julia an.
„Aber vielleicht kann ich nicht.
Ich weiß nicht“,
sagt er noch einmal hinterher.
„Wir sind nämlich
gerade umgezogen.“

Auf dem Nachhauseweg
fragt Laura Julia:
„Kommst du heute zum Spielen?“
Julia und Laura
spielen oft zusammen.
„Ich kann heute nicht“,
sagt Julia. „Julius kommt.“

„Jungen sind doch eh blöd“,
sagt Laura.
„Dann spiel doch
mit deinem verliebten Julius!“,
ruft sie, als Julia abbiegt.

Julia ist sauer auf Laura.
Aber sie freut sich auf Julius.
Am Nachmittag macht Julia
ganz schnell die Hausaufgaben.

Dann geht sie ins Bad
und macht
ihre knallrote Spange ins Haar.
Umziehen will sie sich auch noch.
„Welche Hose
steht mir am besten?“,
fragt sie.

„Die Jeans“, sagt Mama.

Julia zieht ihre Jeans
und den roten Pullover an.
Genau wie Julius.
Sie setzt sich an ihren Tisch
und faltet ihm einen Flieger.
Julius mag Flieger.
Das weiß sie.

Sie malt rote Punkte drauf.
Der letzte sieht fast aus wie ein Herz.
Schnell übermalt sie das Herz.
Denn das ist ja noch total geheim.
Danach bastelt sie
einen Liebeskasten.

Da hinein kommen
alle Wörter und Sätze,
die mit Liebe zu tun haben.
Julius steht auf einem Zettel.
Auf anderen steht:
knallrot, kullerrund
und *total geheim*.

Julia bastelt gerne.
Der Liebeskasten ist jetzt
ihr dritter Kasten.
Sie hat schon
einen Meckerkasten
und einen Total-geheim-Kasten.
Da kommen alle
total geheimen Sachen
und alle Mecker-Sachen hinein.
In den Total-geheim-Kasten
will sie auch einen Zettel hineintun,
auf dem *Julius* draufsteht.

Der Liebeskasten ist rot,
der Meckerkasten schwarz,
der Total-geheim-Kasten ist grün.

Julia wartet auf Julius.
Erst setzt sie sich ans Fenster
und schaut, ob er kommt.
Aber er kommt nicht.
Julia schaut auf die Straße.
Aber kein Julius kommt.
Da geht Julia auf die Straße
und schießt Steine an die Mauer.
Sie schießt immer fester,
weil sie wütend ist.
Laura spielt jetzt sicher schon
mit Kathrin.
Und sie wartet hier.

ÜR
EVO
P

Und der alte Blödmann
sagt noch nicht einmal ab.
Der ist doch blöd
bis nach Amerika.
Schließlich ist Julia so wütend,
dass sie ins Bad rennt
und sich einschließt.

„Blödmann!“
Sie schaut die wütende Julia
im Spiegel an.
„Jungen sind eh blöd“,
sagt sie,
und streckt der Julia im Spiegel
die Zunge raus.

Sie holt den Flieger
und zerreißt ihn
in tausend Stücke.
Und aus dem Liebeskasten
nimmt sie den Zettel mit *Julius*
und schmeißt ihn unters Bett.
Die Worte *kullerrund, knallrot*
und *total geheim*
lässt sie aber erst mal drin.

Am nächsten Tag
spricht Julia nicht mehr mit Julius.
Der ist doch doof
bis nach Amerika.

Julius rückt nah an sie heran
und flüstert:
„Ich konnte gestern nicht,
ich musste zuhause helfen."

Aber Julia hört gar nicht hin.
Sie rückt ganz nach links.

Der kann tausendmal helfen
zuhause.
Julia schaut nach links,
sie sitzt ganz weit von ihm weg.
Der soll mal sehen!

Julius schaut sie an.
Er ist traurig.
„Ich konnte wirklich nicht“,
flüstert er wieder.
Aber Julia will nichts hören.

Julius nimmt etwas aus der Tasche,
etwas Schweres, Rotes, Kullerrundes
mit Papier drum herum.
Er schiebt es
in die Mitte der Bank.

„Tut mir leid“,
murmelt er dabei.

Da wird Julius aufgerufen:
„Wie viel ist 38 + 2?“,
fragt Frau Fröhlich.

Julius überlegt.
Er schielt zu Julia hinüber.
„50“, sagt er schließlich.

Ein paar aus der Klasse lachen.
Julia schaut ihn an.
Da sitzt er
mit seiner kullerrunden Brille
und seinen Stehhaaren!

„38 + 2“,
sagt Frau Fröhlich noch einmal
ganz ruhig und freundlich.

Julia schaut ihn an
und schaut ganz schnell
wieder vor sich.
Julius schaut zu Julia und wird rot.
Julia denkt, 38 + 2,
das ist doch kullerleicht!

„40“, sagt Julius.
„Ich hatte mich eben nur
ein bisschen vertan.“

„Schon gut“, sagt Frau Fröhlich.

Julius schielt zu Julia,
aber die guckt schon wieder weg.
Und in der Mitte liegt
das rote, kullerrunde Päckchen.

In der Pause geht Julius zu Julia.
„Darf ich mitschaukeln?“, fragt er.

„Nein“, sagt Julia
und sie dreht sich weg.

Laura ist heute
mit Kathrin zusammen.
Sie tuscheln.

„Julius und Julia!“,
ruft einer von hinten.
„Die verliebte Julia!“, schreit einer.

„Stimmt ja gar nicht“,
sagt Julia
und sie muss fast weinen.
Dahinten steht
der blöde Julius allein.

Und hier steht sie, auch allein.
Julia ist wütend.
Julia ist traurig.
Und Julius ist auch traurig.
Das sieht man.

Als Julius nach Hause geht,
schießt er einen Stein vor sich her.
Der landet an Lauras Bein.
„Aua!“, schreit Laura.
„Lass das, Julius.“

„Julius ist doof“, sagt Klara.
Julia sagt nichts.

„Wer’s sagt, ist es selbst“,
murmelt Julius.

Er kickt wieder einen Stein.
Der trifft genau an Claudis Bein.

„Doofer Julius!“, schreit Claudi.

Julius zieht den Kopf ein
und geht fort.

„Doofer Julius“,
haben sie gesagt.
Julius ist jetzt sehr traurig.

Julia will nichts von ihm wissen.
Gar nichts.
Nie mehr.
Ganz bestimmt nicht!

„Hast du heute Zeit?“,
fragt sie Laura.

„Nein“, sagt Laura.
„Ich spiele wieder mit Kathrin.“

Zuhause macht Julia
den Ranzen auf.
Und was sieht sie da?
Das rote, kullerrunde Päckchen.
Julius hat es ihr
in den Ranzen gepackt.
Sie legt es auf den Tisch.
Sie will es gar nicht sehen!
Aber dann packt sie es doch aus.
„Mein allerbester Stein“,
steht auf einem kleinen Zettel.

„Von Julius“,
steht drunter.
Aber Julia will keinen
allerbesten Stein.
Erst recht keinen allerbesten Stein
von Julius.
Der kann ihr gestohlen bleiben.
Sie legt den allerbesten Stein
ganz hinten ans Fenster,
wo sie ihn fast nicht mehr sieht.
Aber das rote Papier tut sie
in den Total-geheim-Kasten.

So kann sie Julius gut vergessen.
Aber immer wieder
starrt sie dorthin.
Und auf einmal kommt es ihr vor,
als wenn Julius da wäre
mit seinen Stoppelhaaren
und seiner süßen,
kullerrunden Brille.
Nur so.

„Was ist, wenn einer
einer anderen
in der Schule
seinen allerbesten Stein schenkt?“,
fragt Julia ihre Mama
beim Abendbrot.

„Dann mag der eine die andere
wohl sehr gerne“,
sagt Mama ganz einfach.

Als ob das so einfach wäre!
„Und woran merkt man das?“,
fragt Julia.

„Ganz einfach“, sagt Mama,
„man wird rot,
wenn man den anderen sieht,
im Bauch kribbelt es,
man muss immer
an den anderen denken und …“
Mama überlegt.
„Und es ist total geheim.
So total geheim,
dass man es selbst
erst überhaupt nicht weiß.“

„Ehrlich?“, fragt Julia.

„So ist das“,
sagt Mama.
Als ob das alles so einfach wäre!
Dabei muss Julia wirklich
immer an Julius denken
und Julia hat wirklich
Kribbeln im Bauch.
Und Julia wird rot,
wenn sie Julius sieht.
Und alles ist total geheim.

So geheim,
dass Julia es fast selbst
nicht weiß.
Da beschließt sie,
dass sie es auch
ganz einfach macht.
So, wie Mama das
gerade gesagt hat.
Und sie schickt Julius
ihren ganz einfachen Gedanken
auf einem Gedankenstrahl.

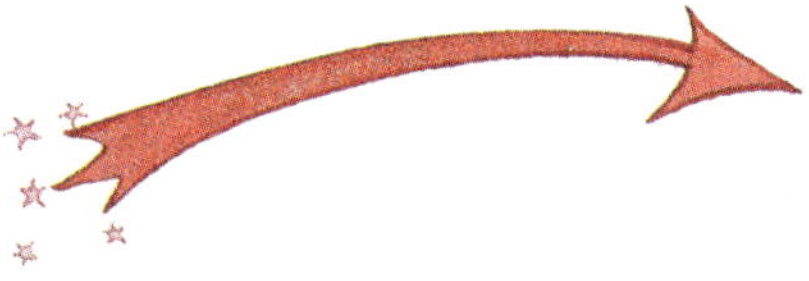

Das kann Julia nämlich.
Es ist kullerleicht!
Vor allem,
wenn man den anderen gern hat.

Nachts träumt Julia von Julius
mit seinem roten Pullover.
Und der Julius
mit der kullerrunden Brille
macht gerade die Lippen
ganz kullerrund und gibt ihr
einen kullerrunden Kuss.

Da sagt Mama:
„Schluss, genug geschlafen!“,
und streicht mit der Hand
über Julias Stirn
und über Julias Haar.
Es ist Morgen.
Julia muss aufstehen.

In der Schule
verteilt Julius Briefe.
Alle kriegen eine Mäusekarte
mit einer Einladung
zu Julius' Kindergeburtstag.
Am Samstag.
Nur bei Julia steht drunter:
Mit Gruß
dein Julius.
Und hinter *Gruß*
ist etwas ausradiert.

Jetzt wollen alle sofort
mit Julius spielen.

Aber Julius sagt:
„Heute spiel ich mit Julia!“
Er dreht sich zu Julia und sagt:
„Heute kann ich wirklich.
Ich komme zu dir.“

Julia freut sich.

Beim Mittagessen ist Papa da.

„Wie geht eigentlich Verliebtsein?“,
fragt Julia ihren Papa.
Sie wird dabei rot.

„Bist du etwa verliebt?“, fragt Papa.

„Nein, ich doch nicht“, sagt Julia.
„Der Julius, der Neue,
der ist total verknallt.“

„So, so“, sagt Papa.
„Und du willst wissen,
wie Verliebtsein geht.“
Papa steht auf
und legt seinen Arm um Mama.

Sie schauen sich an
und drücken sich.
„So geht Verliebtsein“,
sagt Papa.
Er nimmt Julia auch
in den Arm
und gibt ihr einen Kuss.
Julia denkt nach.

Dann fragt sie:
„Will man dem anderen dann
das Allerbeste schenken?“

„Ja“, sagt Papa.
„Ganz bestimmt will man das.“

Da springt Julia auf.
Sie will Julius
das Allerbeste schenken.
Sie geht in ihr Zimmer.
Aber was ist das Allerbeste?
Ihr Bett?

Ihre lange Häkelschnur
aus Luftmaschen?

Ihre Babypuppe?

Ihr Liebeskasten?

Oder ist es
ihr allerletzter Wackelzahn?

Den kann man sich rausziehen,
wenn man verliebt ist.
Extra für den anderen.
Das weiß Julia von Laura.
Julia wackelt an ihrem Zahn.
Er ist noch nicht richtig locker.
Und während sie wackelt,
hat sie eine Idee,
was das Allerbeste ist.

Sie bastelt einen Flieger
mit roten Punkten
und mit einem klitzekleinen Herzen.
Das ist das Allerbeste!
Denn Julius steht auf Flieger.
Julia faltet einen tollen Flieger.
Das ist kullerleicht.
Er liegt neben Julius' Kullerstein
und neben dem
knallroten Liebeskasten.

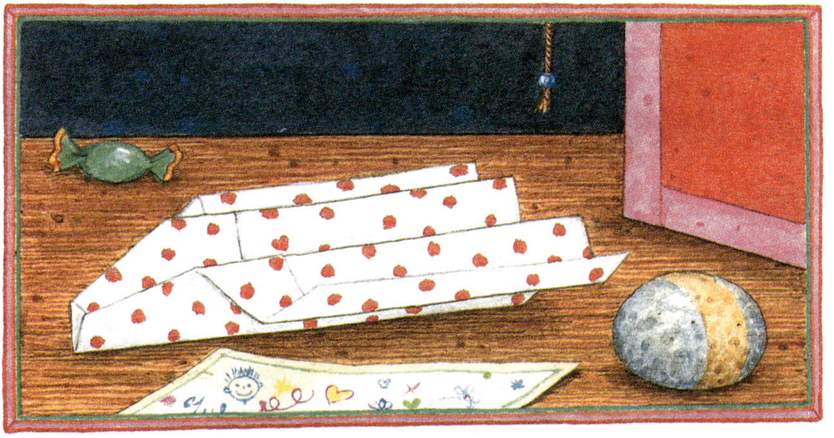

Dann hält Julia die Einladung
gegen das Licht
und kann das Ausradierte lesen:

Mit Gruß und Kuss,
dein Julius.
Kuss hat er wegradiert.
Wahrscheinlich,
weil es noch total geheim ist.

Es klingelt.
Das ist Julius!

„Gehen wir jetzt zusammen?“,
wird sie ihn fragen.
Das fragt man nämlich,
wenn man jemanden
ganz doll mag.
Und dann schenkt man
einen Flieger mit Punkten
und einem klitzekleinen Herzen,
das leuchtet.

Auf jeden Fall
schenkt man das Allerbeste,
das man hat.
Dann ist es natürlich nicht mehr
total geheim.

Vielleicht zeigt man dann auch
den Liebeskasten
oder den Total-geheim-Kasten.
Vielleicht.
Wenn man einen ganz doll mag.

Es klingelt wieder.
Julia rennt zur Tür.

Sie sagt so vor sich hin:
„Mit Gruß und Kuss von Julius",
und muss auf einmal
schrecklich lachen.

Sie reißt die Tür auf
und lässt den Flieger fliegen.
Er kreist um Julius' Kopf
mit der kullerrunden Brille
und landet genau
vor seinen Füßen.
Die roten Punkte
und das klitzekleine Herz
leuchten Julius entgegen.
Sieht er es?
Oder sieht er es etwa nicht?
Liebe macht blind.

Wenigstens ein bisschen blind.
Julia schaut den Flieger an,
Julius wird rot.
Julia wird auch rot.

Julia macht den Mund auf und sagt:
„Mit Gruß und Kuss …“

„… von Julius“,
macht Julius weiter.
Und beide müssen
ganz schrecklich lachen.